kurz gefasst

Grammatik

Erhard Schlutz

Ernst Klett Verlag
Stuttgart Düsseldorf Leipzig

Gedruckt auf Papier aus
chlorfrei gebleichtem Zellstoff,
säurefrei.

Die Deutsche Biblithek – CIP-Einheitsaufnahme

Ein Titeldatensatz für diese Publikation ist bei
der Deutschen Bibliothek erhältlich.

9 783123 202483

2. Auflage A 2 11 10 9 8 7 | 2006 2005 2004 2003 2002

Alle Drucke dieser Auflage können im Unterricht nebeneinander benutzt werden, sie sind untereinander unverändert. Die letzte Zahl bezeichnet das Jahr dieses Druckes.

Internetadresse: http://www.klett-verlag.de
E-Mail: klett-kundenservice@klett-mail.de
Druck: Druckhaus Beltz, Hemsbach. Printed in Germany
ISBN 3-12-320248-8

Inhaltsverzeichnis

1 Nutzen und Gegenstand dieser Grammatik

Grammatik kurz gefasst

enthält in knapper und konzentrierter Form das grammatische Grundwissen, über das Schülerinnen und Schüler sowie Absolventinnen und Absolventen weiterführender Schulen verfügen sollten.

Oft sind die Deutschbücher, mit deren Hilfe grammatische Kenntnisse erarbeitet wurden, nicht mehr zur Hand. Umfangreiche grammatische Nachschlagewerke können durch die Fülle ihrer Informationen unübersichtlich und verwirrend wirken. In beiden Fällen möchte dieses Heft helfen.

Mit Hilfe dieser Kurzgrammatik kann man die wichtigsten grammatischen Begriffe, Formübersichten sowie Erläuterungen leicht

- wiederholen
- oder nachschlagen.

Das alphabetische Register am Ende des Bandes kann dabei eine Hilfe sein.

Grammatik untersucht den systematischen Aufbau der Sprache und die regelhafte Verwendung der sprachlichen Bauformen. Bei der grammatischen Analyse werden vollständige Äußerungen (Texte) in immer kleinere Einheiten zerlegt, sodass man folgende Ebenen der grammatischen Betrachtung unterscheiden kann.

Text	„In Andorra lebte ein junger Mann, den man für einen Juden hielt. Zu erzählen wäre die vermeintliche Geschichte seiner Herkunft ..."
Satz	In Andorra lebte ein junger Mann.
Satzglieder	In Andorra / lebte / ein junger Mann.
Wörter/Wortarten	In / Andorra / lebte / ein / junger / Mann.
Wortbausteine	In / Andorra / leb / te / ein / jung / er / Mann.
Laute	I-n-A-n-d-o-r-r-a-l-e-b-t-e-e-i-n-j-u-n-g-e-r-M-a-n-n.

Die Darstellung in dieser Kurzgrammatik geschieht in umgekehrter Reihenfolge, von den kleinsten zu den größeren Einheiten. Dabei werden Wortarten, Satzglieder, Haupt- und Nebensatz intensiv behandelt.

Das Wort und die Wortarten

2 Laut, Wort, Wortbildung

Das **Wort** besteht aus einer zusammengehörigen Lautfolge, mit der eine Bedeutung verbunden ist.

Lautarten, Lautfolge:

Konsonant (Mitlaut)	b, c, d, f
Vokal (Selbstlaut)	a, e, i, o, u
Diphtong (Zwie- oder Doppellaut)	ei, eu
Silbe (Lautfolge, die beim Sprechen als Einheit artikuliert wird)	spre-chen

Wortbausteine (Morpheme), die auch die Bedeutung des Wortes bestimmen, mitbestimmen oder verändern, sind

• **Wortstämme oder Lexeme** (wichtigste Bedeutungsträger)	Bau, klar sprech…
• **Präfixe** (vorangestellt)	Abbau, unerklärlich
• **Suffixe** (nachgestellt)	unerklärlich, Bauer
• **Ablaute** (Wechsel des Stammvokals)	sprechen, sprach, gesprochen
• **Flexionsendungen**	ich kläre, du klärst

Die Bildung neuer Wörter geschieht auf zwei Arten

• durch **Ableitung** aus vorhandenen *Wortstämmen* mit Hilfe weiterer Wortbausteine (siehe oben); oder	*klar* → erklär(en) → unerklärlich
• durch **Zusammensetzung** mehrerer bekannter *Wörter.*	*Wort + Bau + Stein* → Wortbaustein

Bei der Zusammensetzung unterscheidet man

• **Bestimmungswort** und	Wortbau-/Ziegel-
• **Grundwort.**	-Stein/-Stein

3 Die Wortarten auf einen Blick

Wortarten fassen die Wörter nach ihren grammatischen Merkmalen oder Verhaltensweisen zusammen. Alle Wörter unserer Sprache lassen sich einer der folgenden Wortarten zuordnen.

	lateinisch	deutsch	Beispiele
veränderliche (flektierbare) Wortarten	**Verb**	Tätigkeits- oder Zeitwort	stehen, rennen, entscheiden, haben
	Substantiv (Nomen)	Hauptwort	Vernunft, Mädchen, Ort
	Adjektiv	Eigenschaftswort	faul, ehrgeizig
	Numerale	Zahlwort	eins, erster
	Artikel	Geschlechtswort	der, die, das einer, eine, eines
	Pronomen	Fürwort	
	Personalpronomen	persönliches Fürwort	ich, du, er, wir, ihr, sie
	Reflexivpronomen	rückbezügliches Fürwort	sich
	Possessivpronomen	besitzanzeigendes Fürwort	mein, dein, sein unser, euer, ihr
	Demonstrativpronomen	hinweisendes Fürwort	dieser, jene
	Relativpronomen	bezügliches Fürwort	Der Bote, **der** kam.
	Interrogativpronomen	Fragefürwort	Wer? Was? Welcher?
	Indefinitpronomen	unbestimmtes Fürwort	etwas, jeder, man viel
unveränderliche (nicht flektierbare) Wortarten: Partikeln	**Adverb**	Umstandswort	dort, dann, gern
	Präposition	Verhältniswort	in, auf, unter, über
	Konjunktion	Bindewort	und, oder, aber, weil
	Interjektion	Ausrufewort	Hu! Oh!

4 Das Verb (Tätigkeits- oder Zeitwort)

Das **Verb** bezeichnet

- eine Handlung, — Ich schreibe einen Brief. Ursula liest.
- einen Vorgang, — Es schneit schon wieder. Das Barometer fällt.
- einen Zustand. — Bremen liegt an der Weser. Die Stadt ist groß.

Das Verb wird im Deutschen auch „Zeitwort“ genannt, weil es zeitliche Verhältnisse besonders gut zum Ausdruck bringt. Das Verb enthält aber in seiner **finiten** (veränderlichen) **Form** viel mehr Informationen, und zwar zu folgenden Aspekten:

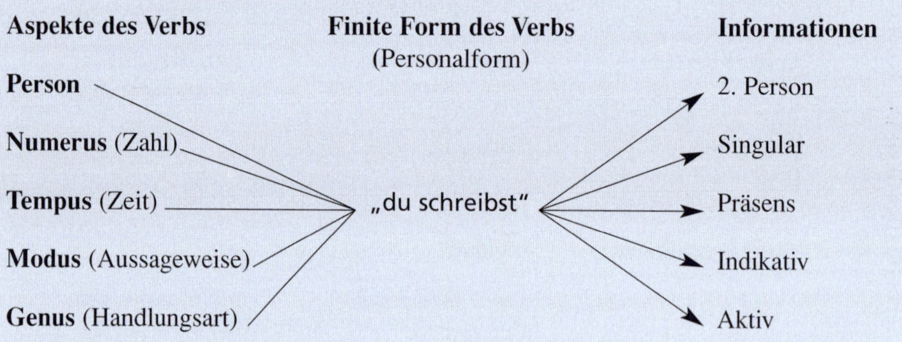

Man kann jede Verbform anhand dieser Aspekte bestimmen:
„du schreibst“ ist **2. Person Singular Präsens Indikativ Aktiv**.

Konjugation und Bildung der Verbformen

Die Vielfalt an Informationen kann das Verb aufgrund seines Formenreichtums erbringen, der größer ist als bei allen anderen Wortarten. Denn das Verb kann in unterschiedlicher Weise **konjugiert** (abgewandelt) werden, und zwar

- durch Flexionsendungen und Präfixe, — ich tanze, sie tanzte, er hat getanzt
- durch Veränderung des Stammvokals (Ablaut bei unregelmäßigen Verben), — ich lese, du liest, sie las
- durch Bildung zusammengesetzter Verbformen. — es wird getanzt

Zusammengesetzte oder mehrteilige Verbformen werden gebildet aus **infiniten** (unveränderten) **Verbformen** und

- **Hilfsverben** — haben, sein, werden
- **Modalverben** — dürfen, müssen, können, sollen, wollen

Die infiniten Formen des Verbs

Infinitiv	Nennform	schreib-en, lieg-en, schnei-en, kletter-n (Endung: **-en** oder **-n**)
Partizip I	Mittelwort der Gegenwart	schreib-end, lieg-end, lächel-nd (Endung: **-end** oder **-nd**)
Partizip II	Mittelwort der Vergangenheit	ge-schrieb-en, ge-leg-en, ge-arbeit-et, aus-ge-ruht (Endung: **-en** oder **-et**, oft nur **-t**; häufig Vorsilbe: **ge-**; **aber auch:** über-rascht, ver-urteilt)

Partizipien werden unter anderem in **Partizipialsätzen** (siehe S. 39) und als **Adjektive** (besonders das Partizip I) verwendet.

Von dem Marsch ermüdet(,) schliefen wir ein.
Schlafende Hunde soll man nicht wecken.

4.1 Person und Numerus (Zahl)

Person	**Numerus** (Zahl)	
	Singular (Einzahl)	Plural (Mehrzahl)
1. Person	ich schreibe	wir schreiben
2. Person	du schreibst	ihr schreibt
3. Person	er, sie, es schreibt Petra schreibt	sie schreiben Petra und Dirk schreiben

Die finite (veränderliche) Form des Verbs zeigt Person und Numerus an; sie wird deshalb auch **Personalform** genannt.

Numerus und Person sind meist an der Verb-Endung zu erkennen.

ich schreib-e, du schreib-st
wir schreib-en

Numerus und Person des Verbs richten sich nach dem Subjekt des Satzes und müssen mit diesem übereinstimmen!

Die **Mehrzahl** der Schülerinnen stimmt gegen den Antrag.
Da kommen **Herr Weyer und seine Spieler**.

4.2 Tempus (Zeitform)

Die Tempora (Zeitformen) des Verbs

Präsens	(Gegenwart)	du arbeitest	ich schreibe	wir kommen
Perfekt	(vollendete Gegenwart)	du hast gearbeitet	ich habe geschrieben	wir sind gekommen
Präteritum	(Vergangenheit)	du arbeitetest	ich schrieb	wir kamen
Plusquamperfekt	(vollendete Vergangenheit)	du hattest gearbeitet	ich hatte geschrieben	wir waren gekommen
Futur I	(Zukunft)	du wirst arbeiten	ich werde schreiben	wir werden kommen
Futur II	(vollendete Zukunft)	du wirst gearbeitet haben	ich werde geschrieben haben	wir werden gekommen sein

Regelmäßige Verben (arbeiten) bilden ihre Formen nur mit Hilfe von Endungen und Präfixen, **unregelmäßige** (schreiben, kommen) auch durch Ablaut (schrieb, kam). **Verben der Bewegung** (kommen) bilden Perfekt und Plusquamperfekt häufig mit dem Hilfsverb **sein**.

Der Gebrauch der Tempora

Mit dem Tempus des Verbs gibt der Sprecher keine absolute „Zeit“ an, sondern seinen zeitlichen Bezug zum Inhalt seiner Äußerung.

Das **Präsens**
wird besonders vielfältig gebraucht. Das Gesagte erscheint dem Sprecher ganz gegenwärtig.

Das Präsens weist auf

- tatsächlich Gegenwärtiges, — Eben kommt Katja.
- Allgemeingültiges oder sich wiederholende Vorgänge, — Wasser kocht bei 100 Grad. Immer kocht die Milch über!
- die (nahe) Zukunft, — **Morgen** gehen wir in die Disco.
- lebendige Erinnerung an Vergangenes (szenisches Präsens). — Gestern **war** ich allein in der Disco. Da entdecke ich doch die Heidrun!

Das **Perfekt**
bezeichnet etwas Vergangenes, das dem Sprecher in der Gegenwart aber noch sehr nah ist.

Es drückt deshalb auch eine Vorzeitigkeit zum Präsens aus.

Es hat bis jetzt geregnet, die Straße **ist** noch nass.

Das **Präteritum**
wird – vor allem in der geschriebenen Sprache – als Ausdruck der abgeschlossenen Vergangenheit gebraucht.

Es ist daher in schriftlichen Berichten und Erzählungen die vorherrschende Zeit.

In Andorra lebte ein junger Mann, den man für einen Juden hielt.

Das **Plusquamperfekt**
drückt eine Vorzeitigkeit aus

- zum Präteritum,

  Nachdem die Regenfälle erneut eingesetzt hatten, **drohte** gestern am Rhein Hochwasser.

- aber auch zum Perfekt (etwas, das noch weiter zurückliegt).

  Bärbel **hat** eine Spiegelreflex **bekommen**. Die hatte sie sich schon lange gewünscht.

Die Zeitverhältnisse verdeutlicht das Schema (Pfeil bedeutet: Vorzeitigkeit):

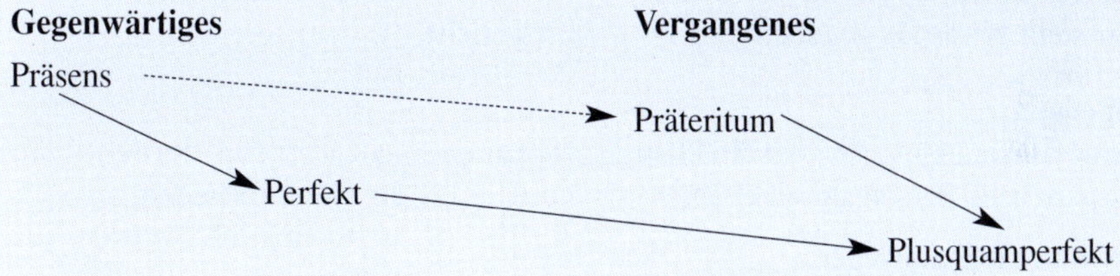

Das **Futur I**

- bezieht sich auf die (fernere) Zukunft, oft als Voraussage;

  Petra wird einmal das Geschäft ihrer Eltern übernehmen.

- drückt aber auch Vermutungen, Hoffnungen, Befürchtungen über Gegenwart und Zukunft aus.

  Du wirst dich doch nicht darauf einlassen!

Das **Futur II**
wird sehr selten gebraucht,
oft als Vermutung oder Hoffnung, dass etwas in der Zukunft abgeschlossen sein wird.

Petra wird sich das hoffentlich bis dahin gut überlegt haben.

4.3 Modus (Aussageweise): Indikativ, Imperativ und Konjunktiv

Die Modi des Verbs

Indikativ (Wirklichkeitsform)	sie nimmt sie läuft	sie hat genommen sie ist gelaufen	sie wird nehmen sie wird laufen
Imperativ (Befehlsform)	nimm! – nehmt! – nehmen Sie! lauf! – lauft! – laufen Sie!		
Konjunktiv I (Möglichkeitsform)	sie nehme sie laufe	sie habe genommen sie sei gelaufen	sie werde nehmen sie werden laufen
Konjunktiv II (Möglichkeitsform)	sie nähme sie liefe	sie hätte genommen sie wäre gelaufen	sie würde nehmen sie würden laufen

Mit dem **Modus** kann ausgedrückt werden, wie das Gesagte gemeint ist, ob es etwa als gegebener Sachverhalt, als Wunsch oder Aufforderung, als Rede von Dritten oder gar als irreal hingestellt wird.

Der **Indikativ**
ist die gebräuchlichste Aussageweise. Der Sprecher stellt etwas als gegeben hin.

Micha nimmt seit heute Gitarrenunterricht.

Der **Imperativ**
drückt eine Aufforderung aus, die direkt an die angesprochene Person gerichtet ist.

Nimm doch Gitarrenstunden!
Lauft jetzt die ganze Strecke!

Der Imperativ steht entweder

- im Singular — gib! fahr! ruf!
- oder im Plural. — gebt! fahrt! ruft!

Beim „Siezen“ gibt es eine besondere Höflichkeitsform.

Geben Sie mir das Buch, bitte!

Die **Konjunktive**
sind Mittel des Sprechers, das Gesagte weniger direkt darzustellen, es als weniger gewiss oder als wünschenswert erscheinen zu lassen.

Der **Konjunktiv I**
ist das wichtigste Kennzeichen der indirekten Rede (siehe S. 16).

Esther hat gesagt, sie komme morgen.

Darüber hinaus wird der Konjunktiv I kaum noch verwendet, manchmal um Aufforderungen oder Wünsche auszudrücken (abgeschwächter als beim Imperativ).

Man nehme drei Eier!
Seien Sie doch vernünftig!

Der **Konjunktiv II**
zeigt an, dass der Sprecher sich nicht zu etwas wirklich Existierendem äußert, sondern nur zu etwas Wünschenswertem, Zweifelhaftem oder gar Irrealem.

Beinahe wäre ich in die Pfütze **getreten!**
Ich wünschte, Michael nähme Gitarrenstunden!

Häufig wird dabei eine Bedingung (in Form eines Neben- oder Konditionalsatzes) angegeben, unter der der Gedanke oder Wunsch sich verwirklichen ließe.

Wenn er Stunden nähme, könnte er ein guter Musiker **werden.**

Oft erscheint die Erfüllung aber auch als irreal.

Hätte Michael Stunden **genommen**, so wäre er ein guter Musiker **geworden**.

Der Konjunktiv II wird außerdem auch zur Abschwächung oder Abtönung von Aussagen benutzt, zum Beispiel zum Ausdruck

- der Vermutung,

  Damit müssten wir sechs Richtige **haben**! Wäre das möglich?

- der Höflichkeit,

  Könntest du mir etwas Geld **leihen**?
  Ich würde da nicht **herunterspringen**.

- des mühsam Erreichten.

  So, das hätten wir!

Die Bildung der Konjunktive

Der **Konjunktiv I** leitet seine Formen vom Indikativ des Präsens ab.

Von diesem unterscheidet er sich heute meist nur noch in der 3. Person Singular, und zwar durch ein Endungs-e (über 90% der Fälle in der indirekten Rede!)

er, sie, es habe, werde, komme, spreche, tanze usw.

Weitere Konjunktivformen zeigen vor allem

- Modalverben in der 1. Person Singular,

  ich solle, müsse, könne, wolle, dürfe

- und das Hilfsverb „sein".

  (siehe die Tabelle unten)

Ersatzregel:
Ist die Form des Konjunktiv I nicht mehr vom Indikativ zu unterscheiden oder wirkt sie veraltet, so wird sie durch eine Form des Konjunktiv II ersetzt.

Britta und Tina meinen,
… sie kämen etwas später.
(statt: kommen)
… Bert und Holger tanzten ganz gut.
(statt: tanzen)

Formen und Ersatzformen des Konjunktiv I

	regelmäßige Verben	*unregelmäßige Verben*	*Hilfsverben*		
ich	machte	sänge	hätte	sei	würde
du	machtest	sängest	habest hättest	seist	werdest würdest
sie	mache	singe	habe	sei	werde
wir	machten	sängen	hätten	seien	würden
ihr	machtet	sänget	habet hättet	seiet wär(e)t	würdet
sie	machten	sängen	hätten	seien	würden

(Ursprüngliche Formen des Konjunktiv I sind fett gedruckt, die übrigen stellen Ersatzformen dar.)

Zeitstufen:
Vergangenes wird durch den Konjunktiv des Perfekts (mit „haben" oder „sein"), Bevorstehendes durch den Konjunktiv des Futur (mit „werden") ausgedrückt.

Noch atemlos rief Britta, sie habe sich sehr beeilt, man werde sicher noch rechtzeitig hinkommen.

Der **Konjunktiv II** leitet seine Formen vom Indikativ des Präteritums ab. Er unterscheidet sich von diesem allerdings nur bei den Hilfs- und Modalverben sowie den unregelmäßigen Verben, die den Konjunktiv II durch Umlaut ä, ö, ü bilden können.

Formen des Konjunktiv II

	unregelm. Verben	*regelm. Verben*	*Hilfsverben*			*Modalverb*
ich	führe	tanzte	wäre	hätte	würde	müsste
du	führest	tanztest	wär(e)st	hättest	würdest	müsstest
er, sie, es	führe	tanzte	wäre	hätte	würde	müsste
wir	führen	tanzten	wären	hätten	würden	müssten
ihr	führet	tanztet	wär(e)t	hättet	würdet	müsstet
sie	führen	tanzten	wären	hätten	würden	müssten

Weil sich der Konjunktiv II regelmäßiger Verben nicht vom Indikativ unterscheidet (siehe Tabelle oben), kann er in Sätzen, die einen deutlichen Konjunktiv II erfordern, durch Formen mit „würde“ + Infinitiv ersetzt werden: „Wenn er Stunden nähme, würde er bald besser spielen (statt: … spielte er bald besser.).“

Der Konjunktiv in der indirekten Rede

Mit Hilfe der **indirekten Rede** werden Äußerungen anderer Personen oder Stellen aus einem Text wiedergegeben, also nicht wörtlich zitiert.

Die Wiedergabe besteht in der Regel
- aus einem Begleitsatz
- und dem eigentlichen Redesatz.

Der Autor betont,
seine Hauptfigur sei frei erfunden.

Im indirekten Redesatz wird der **Konjunktiv I** verwendet.

Damit wird klargestellt, dass die Sprecherin eine andere Person (im Beispiel: die Ministerin) zitiert. Sie bringt damit aber keine eigene Meinung zum Ausdruck (also z. B. keinen Zweifel an den Worten der Ministerin).

Die Ministerin erklärte,
sie nehme den Vorfall ernst.

Wird die indirekte Rede bereits durch die Konjunktion „dass" angezeigt, muss der Konjunktiv nicht unbedingt verwendet werden.

Die Ministerin erklärte,
dass sie den Vorfall ernst nimmt.
(oder: nehme)

Achtung! Formen des Konjunktiv I dürfen nur durch solche des Konjunktiv II ersetzt werden, wenn es keinen echten Konjunktiv I gibt (siehe S. 14). Ersetzt man sie dennoch, so wird ungewollt der Konjunktiv II als solcher empfunden, d. h. als Zweifel am Gesagten.

Nicht:
Die Ministerin erklärte, sie ~~nähme~~ den Vorfall sehr ernst. (Aber kann man ihren Worten trauen?)
Esther hat gesagt, sie ~~käme~~ morgen. (Aber wohl nur, wenn sie nichts Besseres vorhat?)

Die **Zeitstufe** in der indirekten Rede richtet sich *nicht* nach der im Begleitsatz.

Die Ministerin **sagte** letzten Montag in Genf, …
Die Ministerin **versichert** soeben, …
… sie sei mit dem Stand der Gespräche zufrieden.

Die Wahl der Zeitstufe in der indirekten Rede hängt vielmehr davon ab, ob das Ereignis für die zitierte Person (im Beispiel: der Außenminister)

- vergangen,
- gerade geschehend,
- noch bevorstehend ist.

Der Außenminister sagte,
er habe die Reise gern unternommen,
man stecke in schwierigen Verhandlungen,
man werde sich schon verständigen

4.4 Genus (Handlungsart): Aktiv und Passiv

	Aktiv	Passiv	
		Vorgangspassiv (werden-Passiv)	**Zustandspassiv** (sein-Passiv)
Präsens	er wäscht	er wird gewaschen	er ist gewaschen
Perfekt	er hat gewaschen	er ist gewaschen worden	er ist gewaschen gewesen
Präteritum	er wusch	er wurde gewaschen	er war gewaschen
Plusquamperfekt	er hatte gewaschen	er war gewaschen worden	er war gewaschen gewesen
Futur I	er wird waschen	er wird gewaschen werden	er wird gewaschen sein
Futur II	er wird gewaschen haben	er wird gewaschen worden sein	er wird gewaschen gewesen sein

Das **Aktiv** stellt die handelnde Person (als Subjekt des Satzes) und die Handlung in den Vordergrund.

Frau Müller beendet den Unterricht.

Das **Vorgangspassiv** stellt einen Sachverhalt oder einen Betroffenen in den Vordergrund, mit dem etwas geschieht. Der eigentliche Täter wird nicht erwähnt oder allenfalls mit der Präposition „von“.
Das Vorgangspassiv wird häufig in Sachverhaltsdarstellungen oder Gebrauchsanweisungen benutzt.

Der Unterricht wird (von Frau Müller) beendet.

Nachdem der Wagen gewaschen worden ist, wird er mit Wachs behandelt. Auf Wunsch wird er auch poliert.

Das **Zustandspassiv** bezeichnet häufig die Folge oder das Ergebnis eines vorhergehenden Geschehens.

Es hat geklingelt. Nun ist der Unterricht beendet.

Achtung – nicht verwechseln!
- Aktiv Futur I (werden + Infinitiv)
- Passiv Präsens (werden + Partizip II)

Sie wird ihn beenden.
Der Unterricht wird beendet.

5 Das Substantiv (Hauptwort) und der Artikel (Geschlechtswort)

Das **Substantiv** (Hauptwort) wird auch **Nomen** (Namenwort) genannt, weil es

- *konkrete* Lebewesen oder Dinge sowie — Junge, Baum, Haus
- *abstrakte* Sachverhalte und Gedanken — Treue, Erkenntnis, Wirtschaftspolitik

mit Namen benennt.

Jedes Substantiv hat ein **Genus** (grammatisches Geschlecht).

der Stein (Maskulinum, männlich)
die Blume (Femininum, weiblich)
das Wesen (Neutrum, sächlich)

Als problematisch wird heute empfunden, dass traditionelle Personen- und Berufsbezeichnungen meist ein maskulines Genus haben. Für die Ansprache und Benennung von Mädchen und Frauen sollten deshalb nach Möglichkeit Substantive mit femininem Genus gebildet werden (Schüler → **Schülerin**, Minister → **Ministerin**, Kaufmann → **Kauffrau**).

Jedes Substantiv steht in einem **Numerus**. Man unterscheidet zwei Numeri

- **Singular** (Einzahl) — das Haus, der Hund
- und **Plural** (Mehrzahl). — die Häuser, die Hunde

5.1 Die Deklination (Fallsetzung) von Substantiv und Artikel

	Kasus (Fall)		**Numerus** (Zahl)	
			Singular (Einzahl)	*Plural* (Mehrzahl)
Maskulinum	1. Nominativ	Wer?	der Baum	die Bäume
	2. Genitiv	Wessen?	des Baum(e)s	der Bäume
	3. Dativ	Wem?	dem Baum(e)	den Bäumen
	4. Akkusativ	Wen?	den Baum	die Bäume
Femininum	1. Nominativ	Wer?	die Blume	die Blumen
	2. Genitiv	Wessen?	der Blume	der Blumen
	3. Dativ	Wem?	der Blume	den Blumen
	4. Akkusativ	Wen?	die Blume	die Blumen
Neutrum	1. Nominativ	Wer?	das Haus	die Häuser
	2. Genitiv	Wessen?	des Hauses	der Häuser
	3. Dativ	Wem?	dem Haus(e)	den Häusern
	4. Akkusativ	Wen?	das Haus	die Häuser

Oft wird der ursprüngliche Genitiv durch eine Form mit „von" ersetzt.

Lisas Brief
der Brief von Hans (wegen End-s)

Manchmal ist dies nötig, meist wirkt es jedoch umständlich oder unklar.

die Nachricht **von einem Reporter**
→ eines Reporters oder über einen Reporter?

Der **Artikel (Geschlechtswort)**
stimmt mit dem Substantiv in Genus, Kasus und Numerus überein. Er gehört wie die Pronomen zu den Begleitern und Stellvertretern des Substantivs.

Der **bestimmte Artikel** bezeichnet

- etwas eindeutig Gemeintes, das beim Hörer als bekannt vorausgesetzt wird,

  (Unsere Katze heißt Schulzi.)
  Die Katze hat Junge bekommen.

- oder etwas Allgemeines.

  Die Katze ist ein Säugetier. (= alle Katzen)

Der **unbestimmte Artikel** bezeichnet etwas Einzelnes, das noch nicht genau bekannt ist.

Eine Katze kam auf uns zugeschlichen.

5.2 Substantivierung und Großschreibung

Wörter anderer Wortarten lassen sich in Substantive „verwandeln" (**substantivieren**).

ein Hin und Her
etwas Neues
dein ewiges Wenn und Aber
Im Laufen bin ich gut.

Ob ein Wort ein Substantiv ist bzw. als **Substantivierung** gebraucht wird, erkennt man häufig schon daran, dass es von einem Erkennungswort begleitet wird. Solche Erkennungswörter sind

- Artikel,

  Das Schreien ist fürchterlich.

- Pronomen,

  Hör mit diesem **Schreien** auf.
  Euer **Suchen** nützt nichts.

- Präpositionen,

  Durch **Rufen** erweckte sie seine Aufmerksamkeit.

- Adjektive.

  Lautes **Rufen** drang durch die Nacht.

Substantive bzw. Substantivierungen, die nicht von einem Erkennungswort begleitet werden, kann man mit Hilfe der **Artikelprobe** erkennen, d. h., man prüft, ob sich ein Artikel vor das entsprechende Wort setzen lässt, ohne dass der Satz sinnlos wird.

Substantive und als Substantive gebrauchte (substantivierte) Wörter werden großgeschrieben.

Achtung – Ausnahmen! Kleingeschrieben werden trotz Erkennungswort oder Artikelprobe:

- Superlative mit „am",

  Dörte läuft am schnellsten.

- Kardinalzahlen unter einer Million,

  die zwei da drüben, die anderen drei

- einige Zahladjektive und Pronomen,

  viel/das meiste; wenig/das wenigste; eine, andere, jeder, die beiden, ein bisschen

- ehemalige Substantive, die nicht mehr als solche empfunden werden.

  insbesondere angst, bange, leid, schuld in Verbindung mit den Verben sein, bleiben, werden

6 Das Adjektiv (Eigenschaftswort)

Das **Adjektiv** bezeichnet Eigenschaften und Merkmale. Damit charakterisiert es

• Substantive,	ein fantastischer **Tänzer**, ein langweiliger **Abend**
• Verben,	Rudi **tanzt** fantastisch.
• andere Adjektive.	ein fantastisch **verziertes** Kostüm
Das Adjektiv kann frei und undekliniert im Satz stehen.	Der Motor heulte laut auf.
Es kann vor einem Substantiv stehen und wird dann mit diesem dekliniert.	Das laute **Geräusch** schreckte mich auf.

Numerale (Zahlwörter) werden meist nicht mehr als eigene Wortart geführt, sondern zu den Adjektiven gerechnet. Man unterscheidet

• **Kardinalzahlen** (Grundzahlen),	null, zwei, drei
• **Ordinalzahlen** (Ordnungszahlen),	der Erste, der Zweite
• **Bruchzahlen**,	ein Drittel, zwei Fünftel
• **unbestimmte Zahl- und Mengenangaben**.	viel, wenig, andere, sonstige, übrige, einzeln, weitere

(Einige ähnliche Angaben gelten als Indefinitpronomen, siehe S. 25, weil sie wie Pronomen dekliniert werden.)

6.1 Die Komparation (Steigerung)

Die meisten Adjektive lassen sich **komparieren** (steigern). Man unterscheidet folgende **Steigerungsstufen** (Vergleichsformen):

• **Positiv** (Grundstufe),	schön, gut
• **Komparativ** (1. Steigerungsstufe),	schöner, besser
• **Superlativ** (2. Steigerungsstufe, Höchststufe).	am schönsten, am besten die schönste Aussicht, das beste Ergebnis
In Vergleichen steht nach der Grundstufe „wie“, nach dem Komparativ „als“.	Dein Kleid ist genauso schön wie meines. Dein Kleid ist schöner als meines.
Einige Adjektive werden unregelmäßig kompariert.	gut – besser – best viel – mehr – meist
Zusammengesetzte Adjektive werden sinngemäß kompariert.	langfristig – längerfristig
Nicht kompariert werden Adjektive, die bereits eine Höchststufe ausdrücken.	maximal, einzig, absolut, erstklassig

6.2 Die Deklination des Adjektivs

Die starke Deklination (Verwendung ohne Artikel oder Pronomen)

Singular	Maskulinum	Femininum	Neutrum
1. Nominativ	lauter Ton	freche Antwort	dickes Kind
2. Genitiv	lauten Tons	frecher Antwort	dicken Kindes
3. Dativ	lautem Ton	frecher Antwort	dickem Kind
4. Akkusativ	lauten Ton	freche Antwort	dickes Kind
Plural			
1. Nominativ	laute Töne	freche Antworten	dicke Kinder
2. Genitiv	lauter Töne	frecher Antworten	dicker Kinder
3. Dativ	lauten Tönen	frechen Antworten	dicken Kindern
4. Akkusativ	laute Töne	freche Antworten	dicke Kinder

Die schwache Deklination
(nach bestimmtem Artikel und derselbe, dieser, jener, jedes)

Singular	Maskulinum	Femininum	Neutrum
1. Nominativ	der laute Ton	die freche Frage	das dicke Kind
2. Genitiv	des lauten Tons	der frechen Frage	des dicken Kindes
3. Dativ	dem lauten Ton	der frechen Frage	dem dicken Kind
4. Akkusativ	den lauten Ton	die freche Frage	das dicke Kind
Plural			
der, die, den, die	lauten Töne(n)	frechen Fragen	dicken Kinder

Eine **gemischte Deklination**
wird nach ein, kein, mein usw. verwendet. Schwierigkeiten im Hinblick auf die richtige Deklination bereitet meist nur der Dativ Singular maskulin und neutrum:

Das Adjektiv hat hier nur die Dativ-Endung (m), wenn kein anderer Begleiter dabeisteht.	aus weichem Stoff aus einem weichen Stoff
Beziehen sich mehrere Adjektive auf das gleiche Substantiv, so haben sie in der Regel dieselben Endungen.	aus einem weichen fließenden Stoff mit kühnem sicherem Griff

7 Das Pronomen (Fürwort)

Pronomen weisen auf Ereignisse, Dinge, Personen, Sachverhalte hin, bezeichnen sie aber nicht.

Sie können

- als Stellvertreter — **Köln** liegt am Rhein. Es ist eine alte Stadt.
- oder Begleiter — Ich kann meinen **Stadtplan** nicht finden.

des Substantivs auftreten.

Pronomen sind deklinierbar; als Begleiter des Substantivs richten sie sich (wie der Artikel) nach der Deklination des Substantivs.

dieser **Junge**
diese **Bank**
dieses **Auto**

Als Stellvertreter richten sie sich nur in Numerus und Genus nach dem Bezugswort.

Christa, die ich besucht habe, …
Tom, dem ich vertraue, …

7.1 Das Personalpronomen (persönliches Fürwort)

Die Deklination der Personalpronomen

	Kasus (Fall)			
	Nominativ	*Genitiv*	*Dativ*	*Akkusativ*
Singular				
1. Person	ich	meiner	mir	mich
2. Person	du	deiner	dir	dich
3. Person	er	seiner	ihm	ihn
	sie	ihrer	ihr	sie
	es	seiner	ihm	es
Plural				
1. Person	wir	unser	uns	uns
2. Person	ihr	euer	euch	euch
3. Person	sie	ihrer	ihnen	sie

Das **Personalpronomen** der 3. Person tritt als Stellvertreter des Substantivs auf. Besonders häufig ist der Nominativ bei den Personalformen des Verbs.

Der Baum ist krank, er muss gefällt werden.
ich laufe, du läufst, sie läuft

7.2 Das Possessivpronomen (besitzanzeigendes Fürwort)

Das **Possessivpronomen** begleitet in der Regel ein Substantiv;

mein, dein, sein, ihr; unser, euer, ihr

es bezeichnet dessen Zugehörigkeit zu einem anderen Ding oder Lebewesen.

Herr Meier ordnet seine Briefmarkensammlung.
Ihre Unverschämtheiten können **Sie** sich sparen!

Das Possessivpronomen richtet sich im Genus nach dem Substantiv, auf das es sich bezieht.

7.3 Das Demonstrativpronomen (hinweisendes Fürwort)

Das **Demonstrativpronomen** kann als Begleiter oder Stellvertreter auftreten.

Dieses **Spiel** gefällt mir.
Dies gefällt mir besonders gut.

Es zeigt nachdrücklich auf eine Person, einen Sachverhalt, ein Ereignis.

Der da war es, haltet ihn!
Solch ein Paar Rollschuhe habe ich mir schon immer gewünscht.

Neben einigen anderen Formen kann auch der Artikel Demonstrativpronomen sein.

dieser, jener, derjenige, derselbe, solcher
Die ist schuld, ich nicht!

Die Deklination der Demonstrativpronomen

	Singular			*Plural*
	Maskulinum	Femininum	Neutrum	
Nominativ	dieser	diese	dies(es)	diese
Genitiv	dieses	dieser	dieses	dieser
Dativ	diesem	dieser	diesem	diesen
Akkusativ	diesen	diese	dies(es)	diese
Nominativ	derselbe	dieselbe	dasselbe	dieselben
Genitiv	desselben	derselben	desselben	derselben
Dativ	demselben	derselben	demselben	denselben
Akkusativ	denselben	dieselbe	dasselbe	dieselben

„Dieser“ hat ähnliche Endungen wie der Artikel; ebenso dekliniert werden „jener“ und „solcher“.
„Derselbe“ verändert die erste Silbe wie der Artikel; ebenso dekliniert wird „derjenige“.

7.4 Das Relativpronomen (bezügliches Fürwort)

Als **Relativpronomen** werden Wörter verwendet, die mit einem Interrogativpronomen (siehe S. 25) oder mit dem Artikel gleich lauten.

welcher, wer, was
der, die das

Das Relativpronomen leitet einen **Relativsatz** ein (siehe S. 39 f.). Es steht stellvertretend für ein Bezugswort des übergeordneten Satzes, auf das es den Relativsatz bezieht.

Sind das die **Rollschuhe**, die du dir gewünscht hast?

Mir fällt **das** nicht mehr ein, was du vorhin gesagt hast.

Stellung und Deklination des Relativpronomens

Singular	
Nominativ	Auf dem Bauernhof, der in der Heide liegt ...
Genitiv	Auf dem Hof, unter dessen Dach es so gemütlich ist ... Bei der Familie, deren Gast ich war ... (feminin)
Dativ	Der Bauernhof, auf dem ich groß geworden bin ...
Akkusativ	Der Hof, den ich immer wieder gern besuche ...
Plural	
Nominativ	Peter und Dirk, die beinahe zu spät gekommen wären, ...
Genitiv	Peter und Dirk, deren Eltern verreist sind, ...
Dativ	Peter und Dirk, denen wir Schlittschuhe geliehen haben, ...
Akkusativ	Peter und Dirk, auf die wir lange gewartet haben, ...

Schwierigkeiten bereitet oft der Genitiv, auch weil er sich von dem des Artikels unterscheidet.

7.5 Das Reflexivpronomen (rückbezügliches Fürwort)

Das **Reflexivpronomen** bezieht sich auf das Subjekt des Satzes.

Ich wasche mich. **Sie** wäscht sich.

7.6 Das Interrogativpronomen (Fragefürwort)

Das **Interrogativpronomen** leitet

- **direkte**

  Wer hat denn angerufen, Toni?
  Auf wen wartest du?

- und **indirekte Fragen** ein.

  Mutter fragte, wer angerufen habe.

Achtung! Viele ‚Frage-Worte' sind Adverbien, z. B. „Wohin?", „Warum?", (sie lassen sich nicht deklinieren, siehe S. 28).

7.7 Das Indefinitpronomen (unbestimmtes Fürwort)

Das **Indefinitpronomen** zeigt an, dass ein Sachverhalt noch unbestimmt ist oder eine unbestimmte Anzahl gemeint ist.

Da kommt jemand!
jemand, niemand, nichts, alle
etwas, kein, man

Einige ähnliche unbestimmte Zahl- und Mengenangaben gelten als Zahladjektive, weil sie wie Adjektive dekliniert werden (siehe S. 21).

viel, wenig,
andere, sonstige, übrige, einzelne, weitere

8 Die Partikeln

Als **Partikeln** („Redeteilchen") werden hier die unveränderlichen (nicht flektierbaren) Wortarten zusammengefasst[1]:

• **Präpositionen** (Verhältniswörter),	auf, unter
• **Konjunktionen** (Bindewörter),	und, aber
• **Adverbien** (Umstandswörter),	gestern, dort
• **Interjektionen** (Ausrufewörter).	au! ah!

8.1 Die Präposition (Verhältniswort)

Die **Präposition** steht vor einem Substantiv oder Pronomen.	nach Dortmund von dir

Die Präposition zeigt an, in welcher Lage oder in welchem Verhältnis das Substantiv oder Pronomen, vor dem sie steht, gesehen wird.

Folgende **Verhältnisse** kann man unterscheiden:

• lokale (örtliche)	Das Buch liegt auf dem **Tisch**.
• temporale (zeitliche)	Petra trainiert seit **Montag**.
• modale (der Art nach)	Dann gehe ich eben ohne **dich**!
• kausale (begründende)	Sommerfest verschoben wegen schlechten **Wetters**!

Viele Präpositionen verlangen einen bestimmten Fall, z. B.

• den Genitiv,	während, wegen, infolge, statt, trotz, oberhalb, abseits, angesichts, außerhalb
• den Dativ,	mit, nach, bei, von, zu, aus, seit, außer, entgegen, gegenüber
• den Akkusativ,	durch, für, ohne, um, gegen
• den Dativ oder den Akkusativ.	in, an, auf, hinter, vor, über, unter, neben, zwischen

[1] Manche Grammatiken fassen den Begriff P. enger, verstehen darunter nur die „Füllwörter", die – wie z. B. die Interjektionen – einen Ausdruck emotional verstärken oder abtönen: „doch besser", „echt gut".

8.2 Die Konjunktion (Bindewort)

Die **Konjunktion** verbindet Wörter, Wortgruppen und Sätze. Sie hat eine wichtige Funktion für die Gedankenführung in Sätzen und Texten.

Trotz ihrer verbindenden Funktion können Konjunktionen auch Gegensätze ausdrücken.

obwohl, sondern, aber

Man unterscheidet

- **nebenordnende Konjunktionen**, die gleichwertige Wörter, Satzglieder und Sätze verbinden,

  und, oder, aber, denn, sondern
  Ich komme heute nicht zum Spiel; denn ich habe noch zu arbeiten.

- und **unterordnende Konjunktionen** (manchmal auch **Subjunktionen** genannt), die Nebensätze einleiten (siehe S. 39).

  während, nachdem, als, wenn, seitdem, sobald, sooft; weil, da, sodass, ohne dass, damit, obgleich, obwohl
  Ich komme heute nicht zum Spiel, weil ich noch zu arbeiten habe.

Einige unterordnende Konjunktionen werden benutzt, um Infinitive anzuschließen.

zu, um zu, ohne zu, anstatt zu
Anstatt zu spielen, muss ich heute leider arbeiten.

Achtung! Einige Konjunktionen übernehmen ähnliche Aufgaben wie verbindende Adverbien (siehe S. 28). Allerdings verhalten sie sich anders im Satz:

Konjunktionen können – im Gegensatz zu Adverbien – nicht im Satz verschoben werden, weil sie kein eigenes Satzglied ausbilden können (siehe S. 29).

Ich bin sofort gekommen, weil mich dein Anruf alarmiert hat.
Adverb:
Deswegen bin ich sofort gekommen.
Ich bin deswegen sofort gekommen.

8.3 Das Adverb (Umstandswort)

Die **Adverbien** sind eine recht vielseitige Gruppe der unveränderlichen Wortarten. Im Gegensatz zu Präpositionen und Konjunktionen haben sie nicht nur logisch-gedankliche Funktionen, sondern ergänzen einen Satz oder einen Ausdruck, indem sie bestimmte Umstände oder Bezüge anzeigen, z. B.:

• lokale (örtliche),	da, dort, hier, neben, oben, wo?, wohin?
• temporale (zeitliche),	heute, jetzt, bisher, manchmal, dienstags, wann?
• modale (nach Art und Weise),	so, scharenweise, vergebens, wie?
• verbindende,	deswegen, nämlich, folglich, insofern, immerhin, weshalb?
• kommentierende (bewertend oder den Grad angebend).	völlig → sicher → gewiss → sehr → ziemlich → vermutlich → vielleicht → etwas → ein wenig → kaum

Im Gegensatz zu Präpositionen oder Konjunktionen können Adverbien eigene Satzglieder bilden, die **Adverbiale** (siehe S. 34).

Das Satzglied Adverbial kann allerdings auch aus Wörtern anderer Wortarten gebildet werden. Wortart Adverb und Satzglied Adverbial sind also zu unterscheiden.

Adverb als Adverbiale:
Sie singt gern.
Adverbiale aus anderen Wörtern:
Sie singt mit Begeisterung.

Achtung! Adverbien sind recht schwer zu bestimmen, weil sie keine typische Form haben. Auch überschneiden sich ihre Funktionen mit denen anderer Wortarten, z. B. mit

• Fragepronomen,	Pronomen: Wer? Wessen? Wem? Adverb: Wo? Wann? Wie?
• Adjektiven,	Adjektiv: schön dumm! Adverb: sehr dumm!
• Konjunktionen.	Konjunktion: nachdem Adverb: trotzdem

Adverbien können im Gegensatz zu Pronomen und Adjektiven *nicht dekliniert* werden!

8.4 Die Interjektion (Ausrufewort)

Die **Interjektion** ist Ausrufe- oder Empfindungswort.

aha, oh, hurra, na …

Sie drückt Empfindungen aus oder ahmt Laute nach, die man zum Zeichen der Empfindung ausstoßen könnte.

au! (statt: Das tut weh!)
ah! (statt: Ist das schön!)

Der Satz und die Satzglieder

9 Satzglieder erkennen – Proben durchführen

Satzglieder nennt man solche Wortgruppen (oder Einzelwörter), die im Satz eine bestimmte Aufgabe übernehmen. Welche Wörter zu einem Satzglied gehören, erkennt man an folgenden Proben:

- **Verschiebeprobe**

Man probiert, welche Wörter des Satzes sich gemeinsam verschieben lassen (z. B. an den Satzanfang). Die Wörter, die nur gemeinsam verschoben werden können, bilden ein Satzglied.

Katja / bekommt / zum Geburtstag / einen kleinen Hund.

Zum Geburtstag / bekommt / Katja / einen kleinen Hund.

Einen kleinen Hund / bekommt / Katja / zum Geburtstag.

- **Frage- oder Ersatzprobe**

Man probiert, welche Teile eines Satzes durch andere Wörter zu ersetzen sind. Teile, die austauschbar sind, stellen Satzglieder dar. Zudem zeigt sich: Satzglieder können aus einem Wort oder mehreren Wörtern (auch verschiedener Wortarten) bestehen.

Katja /	bekommt /	einen kleinen Hund /	zum Geburtstag.
Sie	erhält	ihn	dazu.
Wer?	(bekommt)	wen?	wozu?
Subjekt	**Prädikat**	**Objekt**	**Adverbial**

- **Weglass- und Erweiterungsprobe**

Indem man bestimmte Satzglieder weglässt, wird bei der Weglassprobe das Grundgerüst des Satzes sichtbar: Subjekt und Prädikat. Bei der Erweiterungsprobe wird umgekehrt verfahren (siehe S. 31).

Katja / bekommt / zum Geburtstag / einen kleinen Hund.

Katja / bekommt / zum Geburtstag.

Katja / **bekommt.**

10 Die Satzglieder auf einen Blick

Bezeichnung	Erkennungsfrage	Beispiel
Prädikat (Satzaussage)	*Was wird ausgesagt?*	Thomas spielt …
Subjekt (Satzgegenstand)	*Wer oder was?*	Thomas spielt Schlagzeug.
Objekte (Ergänzungen)		
Genitivobjekt (Ergänzung im 2. Fall)	*Wessen?*	Er bedarf noch der Übung.
Dativobjekt (Ergänzung im 3. Fall)	*Wem?*	Thomas hilft Birgit.
Akkusativobjekt (Ergänzung im 4. Fall)	*Wen?* oder *Was?*	Birgit holt die Gitarre.
Präpositionalobjekt (Ergänzung mit Verhältniswort)	(Fragewort mit Präposition), z. B.: *Mit wem?*	Birgit spielt mit Thomas.
Gleichsetzungen – im Nominativ	*Wer?* oder *Was?*	Thomas ist Schlagzeuger. Seine Finger sind noch steif.
– im Akkusativ	*Wen?*	Wir nennen ihn nur den Drummer.
Adverbiale (Umstandsbestimmungen)		
– *temporales Adverbial* (Adverbial der Zeit)	*Wann?* *Wie lange?*	Sie treten heute Abend auf.
– *lokales Adverbial* (Adverbial des Ortes)	*Wo?* *Wohin?*	Sie spielen im „Grazy Horse".
– *modales Adverbial* (Adverbial der Art und Weise)	*Wie?* *Wie sehr?*	Birgit, Thomas und Sebastian arbeiten hart.
– *kausales Adverbial* (Adverbial des Grundes)	*Warum?* *Wozu?* *Wieso?*	Sie spielen aber auch aus Freude daran, so zum Spaß.

Satzgliedteile:		
Attribute (Beifügungen)	*Was für ein?*	Thomas ist ein besonders guter Spieler.

11 Das Prädikat

Das **Prädikat** ist für den Satz unverzichtbar. Es gibt die Handlung, den Vorgang, den Sachverhalt an, um die es im Kern im Satz geht.

Das Prädikat besteht immer aus einer ein- oder mehrteiligen Verbform.
Die veränderliche Personalform richtet sich in Numerus und Kasus (siehe S. 9 f.) nach dem Subjekt des Satzes (siehe S. 32).

Helga / holt / den Bass.
Nun / hat / sie / ihn / angeschlossen.
Sie / werden / heute Abend / spielen.
Gleich / geht / **es** / los.

Das Prädikat ist nicht nur ein Satzglied unter vielen, sondern das (Kraft-)Zentrum des Satzes. Es ist aus zwei Gründen für den gesamten Satzbau wichtig:

1. Es fordert Ergänzungen und bestimmt damit Zahl und Art der übrigen Satzglieder.

2. Es hat eine relativ feste Stellung im Satz und bildet gleichsam sein Zentrum.

Verb bzw. Prädikat haben die Fähigkeit, Satzglieder zu ihrer Ergänzung anzufordern (**Valenz**).
Sind diese Ergänzungen nicht vorhanden, empfindet man den Satz als unvollständig.

Radfahren macht mir Spaß.

Radfahren macht … (nun was denn?)

Welche Ergänzungen jeweils erforderlich sind, erfährt man mit Hilfe von Fragen und der Erweiterungsprobe (siehe S. 29).

Die Zuhörer warten … worauf?
… auf den Beginn des Konzertes.
Helga reicht … wem? was?
… Thomas die Hand.

Je nach seiner Art kann ein Prädikat neben dem Subjekt

- keine, — Die Zuhörer toben.
- eine — Helga holt den Bass.
- oder zwei Ergänzungen verlangen. — Sie reicht Thomas / die Hand.

(siehe dazu auch die Satzbaupläne S. 31 f.)

Im Aussagesatz steht die Personalform immer an 2. Stelle der Satzglieder, die übrigen Teile des Prädikats stehen meist am Schluss. So stellt das Prädikat eine Achse oder eine Klammer für den Satz dar.

Sie / stimmt / den Bass / noch etwas.
Nun / ist / auch / Thomas / gekommen.

Im Aufforderungssatz und bei der Entscheidungsfrage steht die Personalform an 1. Stelle.

Fangt endlich an!
Wird das heute noch etwas!

Im Nebensatz nimmt sie meist die Schlussstellung ein.

Alles war ruhig, **als die ersten Töne erklangen.**

12 Das Subjekt

Das **Subjekt** gibt häufig den Täter, den Ansatzpunkt des Geschehens oder das Thema im Satz an (deshalb der deutsche Name „Satzgegenstand").

Das Subjekt steht im Nominativ (1. Fall: wer?).

Der Bass muss nachgestimmt werden.

Achtung! Manchmal gibt es ein weiteres Satzglied im Nominativ. Es darf nicht mit dem Subjekt verwechselt werden (siehe Gleichsetzungen S. 33).
Das Subjekt ist meist ein Substantiv (+ Artikel) oder ein Pronomen.

Sie will Profi werden.

Subjekt und Prädikat stimmen in Person und Numerus überein. Sie bilden das Grundgerüst des Satzes.

Thomas stellt den Verstärker ein.
(nicht: stellen)

Das Subjekt lässt sich mit Hilfe von zwei Proben bestimmen:

- **Frage- oder Ersatzprobe**
(Wer oder was? + Prädikat),

Wer oder was muss nachgestimmt werden? → der Bass

- **Numerusprobe mit Prädikat**
Den Wechsel zwischen Einzahl und Mehrzahl im Prädikat („ist–sind") muss das Subjekt („Ton–Töne") mitmachen, während andere Satzglieder, auch der Gleichsetzungsnominativ („ein Erlebnis"), davon unberührt bleiben.

Sybilles Ton **ist** ein Erlebnis für alle.

Sybilles Töne **sind** ein Erlebnis für alle.

13 Die Objekte

Objekte bilden gleichsam die Zielpunkte des Geschehens im Satz – im Gegensatz zum Subjekt als dem Ausgangspunkt. Objekte sind – wie das Subjekt – meist Substantive (+ Artikel, z. T. Präposition) oder Pronomen.

Objekte „ergänzen" das Prädikat.[1]
Das Prädikat bestimmt ihren Kasus (Fall), beim Präpositionalobjekt über die geforderte Präposition.

Thomas spielt ...
(Was? / Mit wem?)
... Schlagzeug / mit dem Neuen.

Genitivobjekt (2. Fall: Wessen?) seltene Form	Die Zuhörer **harrten** ... **(Wessen?)** ... der Musiker.
Dativobjekt (3. Fall: Wem?) meist Lebewesen	Thomas **dankt** ... **(Wem?)** ... seinen Fans.
Akkusativobjekt (4. Fall: Wen oder was?) häufigste Form	Thomas **übt** ... **(Was?)** ... Schlagzeug.
Präpositionalobjekt (Präposition + Fall)	Sybille **wartet** ... **(Auf wen? Worauf?)** auf ihren Einsatz.

Achtung! Das Präpositionalobjekt ist oft schwer vom Adverbial zu unterscheiden (siehe S. 34). Proben, mit deren Hilfe man Präpositionalobjekte erkennen kann:

- Ist eine Hilfsfrage mit Präposition möglich (z. T. versteckt)?

  Auf wen oder was? Worauf?

- Kann man das Satzglied durch ein Pronomen ersetzen?

  Sybille **wartet** auf ihn.

14 Gleichsetzung im Nominativ und Akkusativ

Nicht alle Satzglieder im Nominativ sind Subjekte und nicht alle Satzglieder im Akkusativ sind Akkusativobjekte. Es kann sich auch um **Gleichsetzungen** handeln (auch **prädikative** Glieder genannt).

Gleichsetzungen im Nominativ stehen u. a. nach den Verben *heißen*, *sein*, *werden*, *bleiben*;

Du **bist** und **bleibst** mein bester Freund.

Gleichsetzungen im Akkusativ nach den Verben *nennen* und *betrachten*.

Diese Blumen **nennt** man Petunien.

---

[1] Objekte wurden deshalb auch lange Zeit „Ergänzungen" genannt. Einige Grammatiken reservieren diesen deutschen Begriff heute nur noch für die Satzglieder, die vom Verb/Prädikat verlangt werden, aber keine Objekte oder Subjekte darstellen.

15 Die Adverbiale

Adverbiale (Umstandsangaben) geben nähere Umstände an, unter denen etwas geschieht. Sie haben meist einen hohen inhaltlichen Informationswert, sind aber für den grammatischen Aufbau des Satzes oft nicht notwendig. Ihre Stellung im Satz ist relativ frei.

Wegen ihres Informationswertes werden die Adverbiale meist *nach ihrer inhaltlichen Bedeutung* eingeteilt in:

- **temporale Adverbiale** (Adverbiale der Zeit – Wann? Wie lange?) — Am Samstag wird die Gruppe
- **lokale Adverbiale** (Adverbiale des Ortes – Wo? Wohin?) — ... im Red Horse
- **kausale Adverbiale** (Adverbiale des Grundes – Warum? Wozu? Wieso?) — ... aufgrund ihrer großen Erfolge
- **modale Adverbiale** (Adverbiale der Art und Weise – Wie? Auf welche Art und Weise?) — ... mit Begeisterung empfangen.

Adverbiale können aber auch nach ihrem Kasus benannt werden, z. B.: **Adverbialakkusativ, adverbiales Präpositionalgefüge.**

Adverbiale haben vielfältige Formen.
Besonders häufig bestehen sie aus

- Substantiv mit und ohne Präposition, — Sie übt den ganzen Tag. Sie übt seit Stunden.
- Adjektiv, — Uschi flucht kräftig.
- Adverb. — Da verliert sie die Geduld.

Achtung! Adverbiale und Objekte sind auch für Experten schwer zu unterscheiden, weil sie manchmal ähnliche Aufgaben und ähnliche Formen haben. Mögliche Proben, die für ein Adverb sprechen:

- Sind Hilfsfragen mit Frageadverbien möglich? — Wann? Warum? Wie? Wo?
- Kann man das Satzglied durch ein Adverb ersetzen? — Samstags wird die Gruppe deshalb begeistert dort empfangen.
- Ist die Präposition eher austauschbar, da sie nicht durch ein Verb bestimmt wird? — Sie übt auf der Bühne oder im Probenraum.

16 Satzgliedteile: Die Attribute

Die **Attribute** (Beifügungen) werden auch als **Satzglieder 2. Ordnung** oder **Satzgliedteile** bezeichnet, weil sie immer Satzgliedern (Subjekten, Objekten und Adverbialen) beigefügt sind und diese ergänzen.

Bei der **Frage- oder Ersatzprobe** (Frage „Was für ein?") wird das Attribut deutlich erkennbar und kann für sich ausgetauscht werden.

Thomas ist **ein** hervorragender **Schlagzeuger**.
... **ein** ausgezeichneter **Schlagzeuger**.

Bei der **Verschiebeprobe** wird es aber mit dem zugehörigen Satzglied verschoben und erweist sich als unselbständig.

Ein hervorragender **Schlagzeuger** ist Thomas.

Die Formen des Attributs sind vielfältig. Das Attribut kann vor und nach dem zugehörigen Satzgliedkern stehen, und zwar als:

- Adjektiv, — **das** neue **Instrument**
- Substantiv und Artikel im Genitiv, — **ein Drummer** der Sonderklasse
- Substantiv mit Präposition, — **eine Frau** mit Drive
- Adverb, — **die Frau** dort
- nachgestellte Beifügung im gleichen Fall (Apposition). — **Britta** (Wer?), die junge Sängerin, startete mit Herzklopfen.
  Das Publikum applaudierte **Britta** (Wem?), der jungen Sängerin.

Durch Attributketten können Treppen oder Schachtelungen entstehen, die das Verständnis erschweren können.

Der Drummer / der Band / des Sportvereins / aus Mönchengladbach ...
In einer in der letzten Ausgabe des Fachblattes erschienenen hervorragenden **Kritik** heißt es ...

17 Satzbaupläne und Wortstellung

Kombinationen von Satzgliedern, die häufig in Sätzen wiederkehren und ihr grammatisches Gerüst bilden, nennt man **Satzbaupläne** oder **Satzmuster**. Dazu gehören nur solche Satzglieder, die das Prädikat zu seiner Ergänzung fordert (siehe S. 31).

Man kann solche Satzbaupläne

- anhand von **Erweiterungsproben** (siehe S. 31) selbst entwickeln,

  Bernd / schenkt / ... (wem? was?)
  ... dem Freund / die Karten.
  Subj. + Präd. + Dat. Obj. + Akk. Obj.

- mit Hilfe von **Weglassproben** (siehe S. 29) aus vorliegenden Sätzen „herausfiltern".

  ~~Da~~ schenkt Bernd ~~ohne Zögern~~ dem Freund die Karten für ~~das Konzer~~t.

Beispiele für häufige Satzbaupläne:

Subjekt + Prädikat	Rita / lacht.
Subjekt + Prädikat + Akkusativobjekt	Rita / wird / ihren Wunschberuf / erlernen.
Subjekt + Prädikat + Präpositionalobjekt	Rita / wartet / auf ihre Lehrstelle.
Subjekt + Prädikat + Dativobjekt	Sie / vertraut / ihren Fähigkeiten.
Subjekt + Prädikat + Dativobjekt + Akkusativobjekt	Rita / zeigt / ihrer Mutter / die Erfolgsnachricht.
Subjekt + Prädikat + Akkusativobjekt + Präpositionalobjekt	Gerda / beneidet / Rita / um ihren Erfolg.
Subjekt + Prädikat + Gleichsetzungsnominativ.	Gerda / ist / meine / Freundin.

Der Satzbauplan legt die **Wortstellung** (genauer: die Stellung der Satzglieder) im Deutschen nicht absolut fest. Im Gegenteil, eine häufige Wiederholung der gleichen Wortstellung wird als eintönig empfunden.

Grammatisch gesehen ist die Folge im Aussagesatz vor allem durch die **Achse** oder **Satzklammer des Prädikats** (siehe S. 32) festgelegt.

Vorfeld	**Prädikat** (finite Form)	**Mittelfeld**	**Prädikat** (bei Zweiteiligkeit)	**Nachfeld**
Tina	wird	selbst mich mit ihrem Getue	aufregen.	
Mit ihrem Getue	wird	Tina selbst mich	aufregen.	
Selbst mich	wird	Tina	aufregen	mit ihrem Getue.

Nachdruck | Nachdruck

Der Satzbauplan Subjekt + Prädikat + Akkusativobjekt (+ freie Umstandsangabe) wird hier in drei Wortstellungen realisiert. Die Stellung des Subjekts im Vorfeld (Grundstellung) wird als gewöhnlich empfunden, die Stellung anderer Satzglieder im Vorfeld (Gegenstellung) oder die Besetzung des Nachfeldes wirken dagegen auffällig.

Stilistisch gesehen richtet sich die Wortstellung also vor allem danach,

- was Nachdruck im Satz bekommen soll,
- mit welchen Worten man an den vorigen oder den nächsten Satz anknüpfen will.

18 Satzarten und Satzformen

Die **Satzarten** werden unterschieden nach den jeweiligen Redeabsichten (z. T. auch nach der Stellung der Personalform des Prädikats).

• **Aussagesatz**	Susanne geht ins Kino.
• **Fragesatz**	
► Ergänzungsfrage	Wohin gehst du, Susanne?
► Entscheidungsfrage	Kommst du mit ins Kino?
• **Aufforderungs- oder Wunschsatz** (Prädikat im Imperativ oder bei Höflichkeitsformen im Konjunktiv)	Komm mit mir ins Kino, Tom! Sie lebe hoch! Man nehme ein Ei!

Satzformen werden nach der grammatischen Konstruktion unterschieden.

• **Der mündliche Kurzsatz** ist zwar grammatisch unvollständig, aber in bestimmten Situationen völlig verständlich.	Hilfe! Ich nicht!
• **Der einfache Satz** ist ein einzelner Hauptsatz.	**Tom** nimmt ein Stück Kuchen.
• **Der zusammengesetzte Satz** besteht aus mehreren – jeweils grammatisch vollständigen – Teilsätzen.	
Man unterscheidet:	
► *Satzreihe:* eine Verbindung von Hauptsätzen, deren Zusammengehörigkeit betont wird,	Susanne öffnete die Tür, da stand eine fremde Frau, schnell rief sie ihre Mutter.
► *und Satzgefüge:* eine Verknüpfung von Hauptsatz mit einem oder mehreren Nebensätzen, deren Abhängigkeit betont wird.	Da die Fremde Susanne unheimlich war, entschuldigte sie sich, um schnell nach ihrer Mutter zu rufen.

19 Hauptsatz und Nebensatz

Hauptsatz	**Nebensatz**
Susanne öffnete die Tür, ...	weil es geklingelt hatte.
Vor der Tür stand eine Frau, ...	die völlig durchnässt schien.
Susanne wusste nicht, ...	was sie sagen sollte.
Die Fremde sagte, ...	sie sei von der Polizei!

19.1 Formen des Nebensatzes

Nebensätze sind wie Hauptsätze grammatisch vollständige Sätze (mit Subjekt und Prädikat). Sie können aber nicht alleine stehen, weil sie vom Hauptsatz abhängig sind und seine Aussage ergänzen.
Der Form nach kann man folgende **Nebensatzarten** und ihre Merkmale unterscheiden.

Nebensätze mit Einleitewort und Endstellung der Personalform des Prädikats:

- **Relativsatz** (eingeleitet durch ein Relativpronomen) — ... die völlig durchnässt **schien**.
- **Konjunktionalsatz** (eingeleitet durch eine Konjunktion) — ... weil es geklingelt **hatte**.
- **indirekter Fragesatz** (eingeleitet durch ein Interrogativpronomen) — ... was sie sagen **sollte**.

besondere Formen des Nebensatzes:

- **indirekte Rede** (meist ohne Einleitewort, Wortstellung wie im Hauptsatz, aber Konjunktiv zeigt Abhängigkeit an) — Die Fremde sagte, sie sei von der Polizei.
- **Infinitivsatz und Partizipialsatz** (Prädikat im Infinitiv oder Partizip + weitere Satzglieder, aber Subjekt im Hauptsatz enthalten) — Sie sei gekommen (,) um ihren Vater zu sprechen. Ihre Notizen noch einmal überprüfend (,) wartete sie.
- **verkürzter Konditionalsatz** (ohne „wenn“) — Sieht man einen Fremden vor sich, ist man oft übertrieben ängstlich.

19.2 Funktion und Inhalt von Nebensätzen

Satzglieder und Satzgliedteile können, zum Beispiel aus stilistischen Gründen, leicht in Nebensätze umgeformt werden (und umgekehrt). Die Nebensätze übernehmen vergleichbare Funktionen wie die Satzglieder und Satzgliedteile, nach denen man sie auch unterscheiden und benennen kann.

Nebensatz als	**Subjekt** (Subjektsatz)	Das ist mir nicht bekannt. Ob er kommt, ist mir nicht bekannt.
	Objekt (Objektsatz)	Wir erwarten meinen Vater. Wir erwarten, dass mein Vater kommt.
	Adverbial (Adverbialsatz)	Heute Abend wird er sicher zu Hause sein. Wenn es Abend wird, wird er sicher zu Hause sein.
	Attribut (Attributsatz)	Die ungeduldige Inspektorin wollte nicht länger warten. Die Inspektorin, die recht ungeduldig war, wollte nicht länger warten.

Attributsätze sind der Form nach oft **Relativsätze**.

Die ängstliche Susanne fürchtete sich ein wenig vor der Inspektorin mit dem nassen Mantel.

Susanne, die **etwas ängstlich war**, fürchtete sich ein wenig vor der Inspektorin, deren **Mantel ganz nass war**.

Adverbialsätze sind der Form nach oft **Konjunktionalsätze**.

Ähnlich wie die Adverbiale (siehe S. 34) lassen sich die Adverbialsätze inhaltlich unterscheiden.

Adverbialsatz als	Ich komme nach Hause, ...
• **Temporalsatz** (Zeit)	... wenn **es dunkel wird.**
• **Lokalsatz** (Ort)	... wo **alle schon warten.**
• **Modalsatz** (Art und Weise)	... als ob **ich kein Wässerchen trüben könnte.**
• **Kausalsatz** (Grund)	... weil **ich müde bin.**
► Konzessivsatz (Einräumung)	... obwohl **die Party erst richtig losgegangen ist.**
► Konditionalsatz (Bedingung)	... falls **die Party langweilig ist.**
► Konsekutivsatz (Folge)	... so dass **ich noch früh genug im Bett bin.**
► Finalsatz (Zweck)	... damit **ihr euch nicht aufregt.**

Vom Satz zum Text

20 Verhältnisbeziehungen im Text

„Der Autoverkehr nimmt zu. Der Wald stirbt."

Die beiden Aussagen sind grammatisch nicht verbunden. Dies kann stilistisch wirkungsvoll sein. Werden Sätze aber wiederholt so lose aneinander gereiht, so wird der Leser bald den Gedanken des Schreibers kaum noch folgen können. Die Sprache stellt eine ganze Reihe von grammatischen Mitteln bereit (siehe S. 26, 28, 34, 38), mit denen Aussagen oder Aussagenteile verknüpft, ins Verhältnis gesetzt werden können, z. B. in ein

- **modales Verhältnis** (Wie? Auf welche Weise?):

1. Durch den zunehmenden Autoverkehr stirbt der Wald.
2. Dadurch, dass der Autoverkehr zunimmt, stirbt der Wald.
3. Der Autoverkehr nimmt zu (;). Dadurch stirbt der Wald.

Bei der Umformung zeigen sich folgende **grammatische Mittel**:

Satzform	Verhältnisbeziehung ausgedrückt durch	grammatische Mittel der Verknüpfung
1. einfacher Satz	Adverbiale	Präposition
2. Satzgefüge	Nebensatz	Konjunktionen
3. Satzreihe oder zwei Hauptsätze	den zweiten Hauptsatz	Adverb/Konjunktion

(1) Die Verhältnisbeziehung im einfachen Satz (in Form eines Adverbiales) wirkt sachlich-konzentriert. (2) Das Satzgefüge betont am stärksten die Abhängigkeit der Aussagen voneinander. (3) In der Satzreihe bekommen beide Aussagen ein ähnliches Gewicht.

- **kausales Verhältnis** (Grund: Warum?)

1. Aufgrund seiner überzeugenden Argumente kann man ihm folgen.
2. Man kann ihm folgen, weil seine Argumente überzeugen.
3. Seine Argumente überzeugen. Deshalb kann man ihm folgen.

- **konzessives Verhältnis** (Einräumung: Was wird eingeräumt?)

1. Trotz des guten Beispiels überzeugt mich das Argument nicht.
2. Obwohl das Beispiel gut ist, überzeugt mich das Argument nicht.
3. Das Beispiel ist gut. Dennoch überzeugt mich das Argument nicht.

- **konditionales Verhältnis** (Bedingung: Unter welcher Bedingung?)

  1. Bei genauerem Lesen erkennt man die Feinheiten des Textes.
  2. Wenn man genauer liest, erkennt man die Feinheiten des Textes.
  3. Man lese genauer. Dann erkennt man die Feinheiten des Textes.

- **finales Verhältnis** (Zweck: Wozu?)

  1. Tina hatte sich in den großen Sessel gesetzt, um zu lesen.
  2. Tina hatte sich zum Lesen in den großen Sessel gesetzt.
  3. Tina wollte lesen. Dazu setzte sie sich in den großen Sessel.

21 Textverknüpfung

Der Text kann als eine zusammenhängende Folge von Sätzen zu einem Thema angesehen werden.

Der **Zusammenhang im Text** (die **Textkohärenz**)

- wird zum einen mit lexikalischen Mitteln erzeugt, also mit Hilfe von Wörtern, die ihrer Bedeutung nach zusammengehören und zum Thema passen;

  Ein lautes Klirren, ein dumpfer Aufprall waren zu hören. Menschen schrien. (Folge von Geräuschen: unangenehmes Ereignis – erschreckte Reaktion)

- wird zum anderen verstärkt und verbessert durch grammatische Mittel der Verknüpfung und Verhältnisbeziehung, z. B.:

  - **Artikel**
    unbestimmter Artikel weist voraus, ein bestimmter oft auf etwas Bekanntes zurück

    Ein Auto (→) war ins Schleudern geraten. (←) Der Caravan kam vor dem Zaun zum Stehen.

  - **Pronomen**
    erinnern häufig an bereits erwähnte Personen und Sachverhalte

    Eine Frau öffnete die Wagentür. (←) Sie musste sich an der Tür festhalten.

  - **Partikeln**
    sind die wichtigsten grammatischen Mittel der Verknüpfung und Verhältnisbeziehung

    Sie war bleich, schien (←) aber unverletzt. Doch brach sie zusammen, noch ehe jemand helfen konnte.

  - **die Satzgliedstellung**
    z. B. indem Satzglieder, die sich auf Vorheriges beziehen, an den Anfang des Satzes gerückt werden (siehe S. 36).

    In diesem Moment eilte ein junger Mann zu Hilfe. (statt: Ein junger Mann eilte in diesem Moment zu Hilfe.)

Häufige grammatische Fehler

„Ein Pulk von Menschen säumten die Straße." → „säumte die Straße"

- **Subjekt und Prädikat** müssen in Person und Numerus übereinstimmen (siehe S. 8 f., 18, 31, 32).

„Damit gelang Herbert, ein austrainierter Sportler, der schönste Sieg." → „einem austrainierten Sportler"

- **Appositionen** (Beifügungen) und **andere Gleichsetzungen** müssen im gleichen Kasus wie das Satzglied stehen, auf das sie sich beziehen (siehe S. 33, 35).

„Abseits den gängigen Wegen verirrt man sich leicht." → „abseits der gängigen Wege"

- **Präpositionen** bestimmen den Kasus des ihnen folgenden Substantivs und seiner Begleiter bzw. des ihnen folgenden Pronomens (siehe S. 26, 33).

„Mit einem mächtigen, kaum durch die vorherige Panne erklärbarem Geräusch setzte sich der Wagen in Bewegung." → „einem mächtigen, kaum … erklärbaren Geräusch"

- Mehrere Adjektive, die sich auf das gleiche Substantiv beziehen, müssen in der Regel dieselben Endungen haben (siehe S. 21).

„Besonders gern trägt sie ihr neues Kleid, Schmuck und Handtasche." → „ihr neues Kleid, ihren Schmuck und ihre Handtasche"
„Ein Teilnehmer war dafür, alle anderen dagegen." → „alle anderen waren dagegen".

- **Redeauslassungen** dürfen nicht erfolgen, wenn die ausgelassenen Teile andere grammatische Formen verlangen (siehe u. a. S. 20 ff.).

„Auf die Feier mit Fred und seiner Schwester, auf die sich Peter seit langem freute, …" → Freute sich Peter auf die Feier oder die Schwester?

- **Relativsätze** müssen so nahe bei ihrem Bezugswort stehen, dass Missverständnisse ausgeschlossen sind (siehe S. 40).

„Mit viel Sahne bedeckt(,) stellte die Mutter das Eis neben den Sessel." → „das Eis, das mit viel Sahne bedeckt war"

- **Partizipial- und Infinitivsätze** müssen besonders genau auf den Hauptsatz bezogen werden, da sie kein eigenes Subjekt haben (siehe S. 39).

„Dabei erinnert man sich gern wieder an die Langspielplatten von früher. Es hatte auch seine Reize." → „Diese (die Langspielplatten) hatten auch ihre Reize."

- **Beziehungen** im Satz und Bezüge zwischen Sätzen müssen durch grammatisch richtige Wiederaufnahmen gesichert werden (siehe S. 22, 23, 41 f.).

Register